EXTRAIT

DES regiſtres de la Municipalité du Cap.

De la ſéance du 2 juin 1790, a été extrait ce qui ſuit :

LECTURE faite d'un arrêté de l'Aſſemblée provinciale de la partie du Nord, du 26 mai dernier, dont expédition a été envoyée le 28 à la Municipalité, par lequel l'Aſſemblée déclare les arrêtés de la Municipalité, contre le ſieur Gaterau, incompétemment rendus, & ſur la queſtion au fonds, renvoye, tant la Municipalité que le ſieur Gaterau, à ſe pourvoir pardevant le pouvoir judiciaire, s'ils aviſent que bien ſoit.

Un des Membres s'eſt levé, & a dit : Meſſieurs, il eſt douloureux pour nous que la publicité que le ſieur Gaterau a donnée, par ſon Journal, n° 13, à cet arrêté, avant que nous en ayons eu connoiſ-ſance, nous mette dans la néceſſité de faire remarquer à l'Aſſemblée qu'elle y a involontairement conſacré des principes contraires à la conſtitution, en attribuant au pouvoir judiciaire une juriſdiction ſur les Municipalités, & par une conſéquence néceſſaire ſur les Aſſem-blées des départements & ſur l'Aſſemblée générale.

Nous ne devons pas garder le ſilence quand il peut compromettre les intérêts qui nous ſont confiés ; il eſt indiſpenſable de déſabuſer ceux qui pourroient croire que les Municipalités ſont ſous la dépen-dance du pouvoir judiciaire, & lui ſont ſoumiſes ; car s'il en étoit ainſi, il faudroit en conclure que le pouvoir ne réſide plus dans les mains de la Nation, & nous nous verrions retombés ſous le deſpo-tiſme des Cours judiciaires. Ne ceſſons de le répéter à la gloire de la Nation Françoiſe & de la Magiſtrature elle-même, les Magiſtrats ne ſont plus que des Juges fort reſpectables, ſans doute, par les fonctions honorables qu'ils exercent, puiſqu'ils décident ſans ceſſe ſur l'honneur, la fortune & la vie des Citoyens.

Mais ils ne peuvent plus ſe mêler des affaires publiques, ils ne peuvent s'immiſcer ni dans l'adminiſtration ni dans la police, ils doivent ſe borner à juger les conteſtations des Citoyens quand elles leur ſont préſentées. Cette vérité a été ſi bien reconnue par l'Aſ-

A

femblée provinciale , alors compofée en partie comme elle l'eft aujourd'hui, de Magiftrats & autres Officiers , tenant au pouvoir judiciaire, que fur la queftion qui a été agitée dans le temps , fur l'incompatibilité des fonctions des dépofitaires du pouvoir judiciaire avec celles de Membres de l'Affemblée provinciale, il a été décidé , par arrêté du 8 février dernier, que les dépofitaires du pouvoir exécutif ftipendiés , & ceux du pouvoir judiciaire, ne pouvoient être Membres des Affemblées provinciales & coloniale, & que néanmoins les Membres du pouvoir judiciaire pourroient être provifoirement nommés auxdites Affemblées, jufqu'à ce qu'il en eût été autrement ftatué.

Comment l'Affemblée provinciale a-t-elle donc pu attribuer au pouvoir judiciaire la connoiffance d'une affaire de police qui appartient à la Municipalité, comme comprife dans les pouvoirs qui lui font propres, & dans ceux qui lui ont été délégués par l'Affemblée provinciale elle-même? En effet, l'article 14 de la Conftitution de la Municipalité du Cap, au titre de furveillance, lui donne l'infpection des librairies & imprimeries, & cette infpection ne peut avoir pour but que d'empêcher qu'il ne s'imprime & ne fe diftribue des ouvrages contraires aux bonnes mœurs , dangereux, féditieux, incendiaires.

L'Affemblée provinciale n'a pu voir dans l'adreffe que le Confeil municipal lui a fait contre le fieur Gaterau, qu'une déférence qu'il a voulu lui marquer en lui foumettant la décifion d'une affaire comprife dans les pouvoirs qu'elle lui a délégués, mais elle n'a pas dû en inférer que cet objet n'étoit pas de la compétence de la Municipalité.

Il paroît que l'Affemblée provinciale à confondu les principes fur cette matière ; il faut pour fixer les limites du pouvoir des Municipalités & celles du pouvoir judiciaire, diftinguer les cas où il s'agit d'affaires publiques de ceux où il s'agit d'affaires particulières ; affurément les plaintes qui peuvent être formées pour raifon des injures & des calomnies que le fieur Gaterau répand dans fon Journal, foit contre les Particuliers, foit contre les Corps, foit contre les Membres de ces Corps, ne peuvent être portées que devant les Tribunaux de juftice ; il en eft de même des plaintes qui peuvent être formées contre les Membres des Municipalités ou des Affemblées s'ils fe rendoient comptables de quelque délit, parce qu'ils tombent alors dans la claffe des fimples particuliers, & que tous les hommes font foumis à la loi.

Il en eſt autrement quand il s'agit de la choſe publique confiée aux ſoins des Municipalités, & que le délit n'eſt pas de nature à être renvoyé aux Juges ordinaires, alors l'Officier municipal, dans ſes fonctions, eſt le ſuprême Magiſtrat, tous les Citoyens ſont ſes juſticiables, & ſon autorité s'étend ſur les dépoſitaires du pouvoir judiciaire comme ſur tous les autres particuliers.

Les Municipalités ſont même reſponſables du mal qui ſeroit commis par leur négligence lorſqu'elles auroient pu l'éviter, ainſi quand un Folliculaire inſenſé tend à exciter du déſordre & à compromettre la ſureté publique par ſes écrits, elles doivent arrêter les dangereux effets de ſa licence, elles en ont le pouvoir, & n'ont beſoin de renvoyer à la Juſtice que lorſqu'il y a néceſſité de pourſuivre extraordinairement, ainſi quand des vagabonds, des gens ſans aveu troublent la ſociété, non-ſeulement elles peuvent, mais elles doivent en purger la Cité.

Peut-on dire, Meſſieurs, que nous ayons excédé nos pouvoirs dans cette circonſtance, le ſieur Gaterau venu, dit-on, de la Guadeloupe, demande à l'Aſſemblée provinciale la permiſſion de faire imprimer & diſtribuer un Journal, ſous la dénomination de *Courrier politique & littéraire du Cap-François*. Cette permiſſion lui eſt accordée.

Un des premiers nᵒˢ de ſon Journal donne lieu à des plaintes ſur une anecdote qu'il contient ſous le voile de l'allégorie. Le ſieur Gaterau eſt mandé, & ſoumis par l'Aſſemblée à la cenſure d'un de ſes Membres ; le ſieur Gaterau s'en diſpenſe, & pendant qu'on jouit de la liberté de la preſſe, pendant qu'il eſt permis de tout cenſurer, ſauf les plaintes de ceux qui ſe croiroient gratuitement inſultés. Le ſieur Gaterau continuant à ſe ſervir de l'allégorie, moyen infame, mais commode pour un calomniateur. Le ſieur Gaterau, dans ſon Journal, nᵒ 11, injurie, calomnie de la manière la plus atroce pluſieurs honnêtes Citoyens, il n'y reſpecte, ni les lois, ni les mœurs, ni l'honnêteté publique, il y porte enfin la hardieſſe juſqu'à un excès inouï, qui étonne & indigne toutes les ames honnêtes quand on déchire le voile léger dont il eſt couvert.

Quelle eſt, Meſſieurs, notre conduite à ſon égard, nous le mandons, nous lui faiſons des reproches fraternels, nous l'invitons à être plus prudent & plus circonſpect, nous n'en obtenons que des réponſes inſolentes ; & forcés de prendre un arrêté, nous nous contentons de lui défendre de conſigner des injures dans ſon Journal, ſoit ouvertement, ſoit ſous le voile de l'allégorie.

Le premier abus que le fieur Gaterau fait de notre modération, eft de fuppofer dans une ordonnance de la Municipalité, une difpo- fition qui n'exifte pas, & de faire la critique de cette difpofition, fuppofée d'une manière propre à exciter des mécontentemens & à occafionner du trouble.

C'eft alors qu'appercevant le danger d'une plus longue tolérance, nous croyons devoir réclamer de l'Affemblée provinciale, qu'elle défende au fieur Gaterau de tronquer les arrêtés de la Municipalité, ou d'y fuppofer des difpofitions, & c'eft fur cette demande que l'Affemblée provinciale renvoye, tant la Municipalité que le fieur Gaterau, à fe pourvoir pardevant le pouvoir judiciaire, s'ils avifent que bien foit.

On pourroit croire, Meffieurs, d'après cet arrêté, que nous fommes en procès avec le fieur Gaterau, & que nous avons porté, à cet égard, à l'Affemblée provinciale quelque plainte qui nous foit per- fonnelle; l'Affemblée n'a furement pas penfé que le Confeil muni- cipal puiffe s'offenfer & fe plaindre des diatribes du fieur Gaterau. D'ailleurs, fi elles pouvoient être punies autrement que par le mépris, ne feroit-ce pas à la Municipalité elle-même à l'en punir par la voie de la correction civile? Pourroit-elle fe foumettre à la jurifdiction d'un Tribunal judiciaire, lorfqu'il eft conftant qu'elle ne relève d'aucun, & qu'elle a la préféance fur tous dans fon territoire.

L'Affemblée provinciale a donc déféré au pouvoir judiciaire la connoiffance d'un fait de police; elle lui a attribué les fonctions des Municipalités.

Il réfulteroit de ce jugement, s'il étoit exécuté, que les Munici- palités de la province du Nord feroient paffives, & qu'elles n'auroient que le droit de dénoncer au miniftère public les délits qui, fans être de nature à mériter peine afflictive ou infamante, peuvent met- tre la chofe publique en péril, de forte que s'il plaifoit à un Jour- nalifte de fuppofer dans fon Journal un arrêté de l'Affemblée pro- vinciale, qui porteroit l'allarme dans le cœur de tous les Citoyens, la Municipalité n'auroit pas la faculté d'arrêter le forcéné, il fau- droit recourir à la Juftice, dont la marche réglée par des formes utiles & indifpenfables, eft prefque toujours trop lente pour les cas urgens, & impuiffante dans la plupart des affaires du reffort de la police; & en attendant, nous ferions obligés de fupporter patiem- ment tous les maux, tous les défaftres qui pourroient être la fuite de cette inertie.

Nous fommes comptables, Meffieurs, à nos Concitoyens de l'autorité qu'ils nous ont confiée pour veiller à leur fureté & au maintien
de leur repos, nous ne pouvons, fans bleffer leurs droits & fans
violer notre ferment, renoncer aux fonctions qui nous font attribuées.

Nous pourrions, nous devrions même, en perfiftant dans nos
arrêtés du 14 mai dernier, rendre contre le fieur Gatereau l'arrêté
que nous attendions de l'Affemblée provinciale, & l'intérêt de
nos Conftituants comme celui de la Colonie entière, exigeroient
que nous lui donnaffions la même publicité que le fieur Gaterau a
donnée à l'arrêté de l'Affemblée, fi nous n'étions certains qu'elle a
été induite à erreur, en ce qu'elle a cru qu'il s'agiffait d'inftruire
un procès contre le fieur Gaterau, ce qui eût alors en effet néceffité le renvoi aux Juges ordinaires.

Nous devons auffi être affurés que l'Affemblée s'empreffera de
relever cette erreur allarmante pour tous les bons Citoyens, qu'elle
fentira la néceffité de s'occuper fans délai d'un objet auffi important,
& qu'elle ne fauroit faire ceffer trop promptement les inquiétudes
que fon arrêté a déjà femées de voir renaître l'ariftocratie des Cours
judiciaires, & je conclus à ce qu'il lui foit fait députation à ce fujet.

Sur quoi, ouï le Procureur-Syndic, & après en avoir délibéré,
le Confeil municipal, a unanimement arrêté que le préfent fera adreffé
à MM. de l'Affemblée provinciale du Nord, pour les prier de relever,
avec toute la célérité que les circonftances exigent, l'erreur inter-
venue dans leur arrêté du 26 mai dernier, de confirmer les défenfes
faites au fieur Gaterau, par l'arrêté de la Municipalité du 14 du
même mois, de configner des injures dans fon Journal, foit ouvertement, foit fous le voile de l'allégorie, de lui défendre de tronquer
les arrêtés du Confeil municipal, ou d'y fuppofer des difpofitions
qui n'exifteroient pas, fous telle peine qu'il appartiendra, même
d'être pourfuivi extraordinairement, fi le cas y échet, de lui enjoindre
de déclarer, dans le prochain numéro de fon Journal, que c'eft mal
à propos que dans le numéro 12 il a dit, que par l'ordonnance de
la Municipalité, il étoit défendu de vendre du vin aux gens de
guerre fans la permiffion, par écrit, d'un officier, tandis que cette
prohibition ne porte que fur le tafia & les liqueurs fortes; d'ordonner
enfin l'impreffion & affiche de leur arrêté; & Mᶜ Cormeaux a été
député à cet effet vers l'Affemblée provinciale.

Signé au regiftre, CHEVALIER, maire; & BAILLY, greffier.

EXTRAIT

Des Regiſtres de la Municipalité du Cap.

De la Séance du 28 juin 1790, a été extrait ce qui ſuit :

UN des Membres s'eſt levé, & a dit : Meſſieurs, quelques perſonnes intéreſſées ſans doute à s'oppoſer à la régénération, ne ceſſent de répandre des bruits calomnieux contre la Municipalité, pour la rendre défavorable aux yeux du Public, dont elles cherchent à ſurprendre la bonne foi. Elles ont pouſſé la calomnie juſqu'à ſuppoſer que la Municipalité vouloit s'arroger le pouvoir de juger les affaires contentieuſes & criminelles, & de condamner à mort. Elles ont tiré le prétexte de cette abſurde & odieuſe inculpation, d'une phraſe de l'adreſſe à l'Aſſemblée provinciale contre le ſieur Gaterau, lue en ſéance publique; dans laquelle phraſe, après avoir reconnu le droit du pouvoir judiciaire de juger les Citoyens de toutes les claſſes dans les affaires civiles & criminelles, il eſt dit qu'il en eſt autrement quand il s'agit de la choſe publique confiée aux ſoins des Municipalités, qu'alors l'Officier municipal, dans ſes fonctions, eſt le ſuprême Magiſtrat, que tous les Citoyens ſont ſes juſticiables, & que ſon autorité s'étend ſur les dépoſitaires du pouvoir judiciaire, comme ſur tous les autres particuliers.

Cette définition du pouvoir des Municipalités ne préſente, comme vous le voyez, Meſſieurs, aucune ambiguité. Il eſt inconteſtable que tous les Citoyens, de quelque claſſe & condition qu'ils ſoient, ſont ſujets aux règlements de Police, & qu'en cas de contravention, l'homme conſtitué en dignité, comme le ſimple particulier, doivent ſans diſtinction être condamnés en l'amende portée par ces mêmes règlements; c'eſt tout ce que renferme le paragraphe que je viens de rapporter. Il eſt donc important de détromper le Public, en faiſant imprimer l'adreſſe dont s'agit, en invitant les Citoyens à aſſiſter le plus ſouvent qu'ils le pourront aux ſéances de la Municipalité, qui ſont toujours publiques, à prendre connoiſſance de ſes opérations ſur ſes regiſtres, qui ſont toujours ouverts à tous ceux qui

en demandent communication ; par ce moyen, ils feront continuel-
lement en garde contre les infinuations des gens mal intentionnés,
dont ils ne fauraient trop fe défier, & ils feront bien affurés que le
Confeil municipal n'a & ne peut avoir pour but que le bonheur de
fes Conftituants, duquel le fien ne fauroit être féparé.

Sur ce, ouï le Procureur-Syndic, & après en avoir délibéré, le
Confeil municipal a unanimement arrêté, que l'adreffe par lui faite
à l'Affemblée provinciale du Nord le 2 de ce mois, & le Préfent,
feront imprimés & diftribués par-tout où befoin fera.

Signé au Regiftre, CHAUDRUC, officier municipal, par l'abfence
de M. le Maire ; & GRANIER, greffier-commis, par la maladie du
greffier en chef.

Au Cap, de l'Imprimerie royale, 1790.

EXTRAIT des Minutes des Archives de la Municipalité du Cap.

Au Cap, ce 17 juin 1790.

MESSIEURS ET CHERS COMPATRIOTES,

NOUS étions venus pour apporter la paix, & au lieu de voir s'effectuer l'heureuse réunion de tous les Citoyens, nous appercevons avec douleur que des troubles affreux tourmentent cette Ville.

A Dieu ne plaise que notre présence soit la cause des derniers malheurs; nous partons pour qu'on ne puisse pas nous les imputer; ce qui se passe en ce moment doit être un sujet de deuil pour tous les bons Citoyens : nous nous en rapportons au temps, qui amène à sa suite la raison & la justice.

En partant, nous cédons au cri de nos cœurs & aux conseils de la sagesse ; nous sommes bien loin de déférer à des ordres despotiques, que nous allons dénoncer à la Colonie & à la Nation entière.

Daignez agréer nos remercîments pour l'accueil que vous avez eu le courage de nous faire au milieu de la tempête publique ; nous conserverons éternellement le souvenir de vos bontés fraternelles ; nous vous prions de déposer dans vos Archives, l'original de cette Lettre, comme un monument de notre reconnoissance : nous vous prions aussi de la faire imprimer au nombre de deux mille exemplaires. Nous sommes avec un attachement inviolable, Messieurs & chers Compatriotes, vos très-humbles & très-obéissants serviteurs. *Signés* VALENTIN DE CULLION, AMIDIEU DUCLAUX, JOUETTE & BARRILLON. L'adresse à Messieurs Messieurs le Maire & Officiers de la Municipalité du Cap, au Cap.

Collationné conforme à l'original déposé aux Archives de la Municipalité.

G R A I N I E R, *greffier-commis.*

EXTRAIT
DES MINUTES
DE LA MUNICIPALITÉ DU CAP.

Ce jourd'hui 18 juillet 1790, à 11 heures du matin, le Conseil municipal extraordinairement assemblé, M. le Maire a ouvert la séance, & a dit que hier au soir, vers les 11 heures, plusieurs Députés de l'Assemblée provinciale du Nord s'étoient rendus chez lui, ainsi que chez le Procureur-Syndic, pour leur annoncer que l'Assemblée venoit de dissoudre la Municipalité, & qu'elle notifieroit aujourd'hui au Conseil municipal l'arrêté qu'elle avoit pris à ce sujet.

Il a été déclaré par MM. les Secrétaires & Commis des bureaux de police & de surveillance, que MM. les Commissaires de l'Assemblée provinciale ont pris possession, vers les 9 heures du matin, desdits bureaux, où ils sont actuellement; ce qui a été attesté par plusieurs Membres du Conseil municipal qui s'y sont transportés, & ont vu lesdits Commissaires; il a été ajouté par MM. les Secrétaires & Commis des bureaux que MM. les Commissaires leur ont fait prêter serment.

Il a été aussi déclaré, par M. Bailly, greffier en chef, & par

A

M. Granier, greffier-commis, que MM. les Commiffaires avoient établi mondit fieur Bailly dépofitaire des regiftres, minutes & archives de la Municipalité, & leur avoient auffi fait prêter ferment.

Et attendu le défaut de Greffier, & Commis-greffier, le Confeil municipal a nommé d'office, pour greffier *ad hoc*, M. François Doizé aîné, citoyen du Cap, après avoir reçu de lui le ferment qu'il a prêté, de fe bien & fidellement comporter dans l'exercice de la commiffion à lui déférée; & à l'inftant MM. de Trémondrie, Chefneau de la Mégriere, Ducros de Duenne & Brard, députés de l'Affemblée provinciale du Nord, étant entrés, ont dit qu'ils étoient chargés de notifier au Confeil municipal l'arrêté de l'Affemblée en date du jour d'hier, dont ils ont remis une expédition fur le bureau, & fe font retirés.

Après quoi, lecture faite dudit arrêté qui, entr'autres difpofitions, fait défenfes au Corps des Officiers compofant ci-devant la Municipalité du Cap, en général, & à chacun des Membres en particulier, de s'immifcer dans les fonctions qui leur avoient été attribuées par l'arrêté du 24 mars dernier, ni d'en prendre le titre à peine de faux.

Un des Membres s'eft levé, & a dit : Meffieurs, dans le nombre des Citoyens du Cap qui, pendant la révolution actuelle, ont donné des preuves fignalées de leur zèle & de leur patriotifme, on ne peut fe difpenfer de compter les Membres de la Municipalité, nommés par la commune, qui a demandé avec inftances l'établiffement d'une Municipalité dont elle a elle-même fait dreffer le plan par des Commiffaires choifis à cet effet, chacun de nous a accepté avec reconnoiffance la charge qui lui a été déférée; glorieux de ce témoignage flatteur, de l'eftime de nos Concitoyens, nous n'avons pas balancé un inftant à abandonner nos affaires perfonnelles pour nous livrer tous entiers aux fonctions pénibles & importantes qui nous étoient attribuées.

Nous ne rappellerons point ici, Meffieurs, la pompe & l'allégreffe qui ont préfidé à l'inftallation du Corps municipal; nous ne rappellerons point les circonftances critiques qui ont fuivi de près l'inftallation; nous ne retracerons point la conduite fage & prudente qu'il a tenu; nous nous bornerons à dire que toutes fes opérations ont toujours eu pour but, le bien & l'avantage de la commune, malgré les contrariétés qu'il n'a ceffé d'éprouver.

Eh bien, Messieurs, par quelle fatalité faut-il que ce Corps devienne aujourd'hui, pour ainsi dire, l'objet de la haine de ceux mêmes qui l'ont créé, qu'il soit exposé de toutes parts aux traits de la méchanceté & de la calomnie, & que des Citoyens, dont la conscience est pure & sans reproches, soient sous le coup des inculpations les plus fausses, & jugés indignes de la confiance de leurs Constituants.

Tirons le rideau, Messieurs, sur la cabale, l'intrigue & les menées sourdes qui ont été fomentées & mises en usage pour opérer ce changement subit, & ne nous occupons point d'en suivre les traces; il n'est aucun de nous sans doute qui, en s'applaudissant d'être rendu à ses affaires, ne gémisse cependant de l'injustice qu'il éprouve; mais l'erreur ne peut pas toujours durer, tôt ou tard le prestige se dissipera, & la pureté de nos vues, de nos démarches & de nos opérations, paroîtra au grand jour.

En attendant ce moment heureux, nous devons à nos Concitoyens l'exemple de la résignation, nous devons nous abstenir de toutes démarches qui pourroient tendre à exciter des divisions & à troubler l'ordre & la tranquillité publique, nous devons enfin remplir le vœu manifesté par la majorité de la commune, en cessant nos fonctions, & espérer du temps notre justification.

Après avoir discuté pendant quelque temps sur cette motion, un autre Membre s'est levé, & a dit : Messieurs, si la vérité est quelquefois obscurcie, son triomphe n'est que plus éclatant quand le nuage épais qui la couvre vient à se dissiper.

Gémissons sur notre malheur & sur celui de nos chers Concitoyens; plaignons ceux qui sont dans l'erreur, mais que notre courage n'en soit point abattu; éclairons nos frères sur leurs véritables intérêts. Si nous ne sommes pas assez heureux pour y parvenir dans ce moment, nous sommes bien certains qu'ils ne tarderont pas à être désabusés, & en attendant n'avons nous pas une douce consolation qu'on ne sauroit nous ôter, celle de n'avoir été occupés que de faire le bien, & d'avoir soutenu notre zèle au milieu des orages constamment élevés sur nous.

Un Corps, dont la conduite a toujours été irréprochable, n'a pas besoin de se justifier auprès de ceux qui ont été les témoins de toutes ses actions, & l'objet de ses sollicitudes paternelles ; mais le coup inattendu qu'on vient de nous porter, exige que nous instruifions. ceux qui étant éloignés, pourroient croire que nous y avons donné lieu; nous fommes d'ailleurs obligés de rendre compte à l'Affemblée nationale de ce qui s'eft paffé à notre égard, & nous allons le faire le plus fuccinctement poffible, puifque nous n'avons qu'un inftant à demeurer affemblés.

Dès le commencement de notre inftallation, nous avons dû fentir que l'établiffement d'une Municipalité étant nouveau dans la Colonie, il éprouveroit des contradictions de la part des autres Corps, & c'eft ce qui eft arrivé.

Vous vous rappellez, Meffieurs, d'une affaire qui s'eft paffée dans les premiers jours, & où, par votre activité, votre vigilance, votre prévoyance & votre prudente fermeté vous avez écarté le péril qui menaçoit les Citoyens; vous vous rappellez qu'après avoir pourvu à la fureté publique, vous avez renvoyé cette affaire à la Sénéchauffée, avec injonction de s'en occuper toute autre affaire ceffante, parce qu'elle étoit de nature à exiger célérité. Ce mot injonction a fourni aux Officiers de la Sénéchauffée le prétexte d'une première attaque, & dans la Sentence définitive qu'ils ont rendue contre le criminel, ils ont dit que c'étoit mal à propos que vous vous étiez fervi du mot injonction, en leur parlant; en conféquence ils l'ont fupprimé, & ont ordonné que vous feriez engagés à vous en abftenir à l'avenir, & que la Sentence vous feroit notifiée; le Confeil-fupérieur du Cap a confirmé cette Sentence, & fur la notification qui vous en a été faite, vous avez adreffé à l'Affemblée provinciale que M. Broffier, confeiller, préfidoit alors, une réclamation fur laquelle l'Affemblée n'a encore rien ftatué.

Dans une autre occafion, par déférence pour l'Affemblée provinciale, vous lui avez adreffé une demande tendante à ce qu'il fût fait défenfes à un Journalifte qui venoit de fuppofer une difpofition dans une de vos Ordonnances, de tronquer à l'avenir vos arrêtés, ou d'y fuppofer des difpofitions, & qu'il lui fût ordonné de fe rétracter; fur cette demande l'Affemblée a pris un arrêté, qui déclare deux arrêtés de la Municipalité, portant défenfes à ce Journalifte d'injurier ou calomnier dans fes Journaux, foit ouvertement, foit fous le voile de l'allégorie, incompétemment rendus, & fur la queftion au fonds, a renvoyé, tant la Municipalité que le Journalifte, à fe pourvoir pardevant le pouvoir judiciaire, s'ils avifoient que bien fût.

L'Assemblée provinciale a fait faire, par des Commissaires, la visite des prisons, ils y ont trouvé six personnes sans aveu détenues d'ordre de la Municipalité, & qu'elle se disposoit à renvoyer sur quelques vaisseaux, soit à titre d'employés, soit comme passagers ; on a fait à cet égard une inculpation à la Municipalité, on a ouvert, à l'Assemblée, une longue discussion, où on a commencé à établir que vous reteniez des Citoyens en prison au-delà de vingt-quatre heures.

Le Public présent à cette discussion, a été ainsi prévenu contre vous, parce qu'on s'est bien donné de garde de lui dire que les personnes que vous déteniez étoient sans aveu, aussitôt un Journaliste à propagé l'inculpation ; forcés de vous justifier, vous avez rendu votre justification publique par la voie de l'impression, & vous avez prévenu le Public que les Citoyens qui étoient en prison avoient été arrêtés d'ordre de l'Assemblée provinciale, & y étoient détenus à sa disposition. Malgré cet avis, le même Journaliste vous a encore inculpés d'avoir détenu des Citoyens.

L'Assemblée provinciale a fait un calcul des dépenses que la Municipalité occasionneroit annuellement ; elle y a porté les frais de bureau en regîtres, papier, encre, canifs & plumes, à vingt mille livres, tandis que cette fourniture, faite par les sieurs Batilliot frères, depuis votre installation jusqu'à ce jour, ne s'élève, suivant le compte qu'ils en ont fourni, qu'à douze cent & quelques livres. C'est en calculant tous les objets de cette manière qu'on a fait monter les dépenses annuelles de la Municipalité à sept cents mille livres, tandis qu'en ne conservant que les cinquante hommes de police qui sont actuellement en activité, toutes les dépenses quelconques, suivant un calcul très-exact, ne monteroient pas annuellement à deux cents mille livres, & la Municipalité a adressé à l'Assemblée, au mois de mai dernier, un plan d'organisation provisoire des finances qui, s'il étoit adopté, fourniroit à toutes les dépenses sans aucune augmentation de charges, & au moyen du quel on parviendroit à les diminuer considérablement.

Enfin l'Assemblée provinciale a dressé, fait imprimer & distribuer un nouveau plan d'organisation & de constitution de la Municipalité ; elle a ordonné la convocation des Districts pour y délibérer. Dans ce nouveau plan, il s'agissoit entr'autres choses, de réduire le nombre des Membres qui composent la Municipalité. Les Districts ont été assemblés, & au moment où leurs séances ont été ouvertes, l'Assemblée provinciale, dont les Membres s'étoient interdit la fa-

culté d'y affifter, a fait remettre à chaque Diftrict une lettre circu-
laire, par laquelle elle propofe de délibérer, ou fur le maintien de
la Municipalité telle qu'elle eft, ou fur la réformation partielle de
fes Membres, ou fur fa diffolution totale, & la nomination d'un
Lieutenant-général de police.

Il feroit trop long d'expofer ici toutes les réflexions & les con-
féquences que le contenu de cette lettre peut fournir; il nous fuf-
fira de dire que le feul reproche que l'Affemblée provinciale nous
y fait, c'eft d'avoir adopté les principes de l'Affemblée générale;
reproche bien gratuit, puifque nous nous fommes toujours impofés
la loi la plus févère de ne jamais manifefter notre opinion fur la
conftitution, & que la feule chofe que nous nous foyons permis de
dire dans le procès-verbal de notre féance du 7 de ce mois, imprimé
& diftribué, c'eft que, tant l'Affemblée générale que l'Affemblée
provinciale, doivent attendre refpectueufement la décifion de l'Affemblée nationale fur les objets de leur conteftation, ainfi que fur tout
ce qui regarde la conftitution de la Colonie. Eh! quel reproche pourroit-
on faire à la Municipalité? ne ferions-nous pas fondés à répondre
comme nous l'avons toujours fait, aux impoftures & aux calomnies
dont on a voulu nous accabler? Quel eft l'acte du Confeil municipal dont on puiffe fe plaindre? qu'on le déclare & qu'on en juftifie.

Voilà, Meffieurs, l'expofé fuccinct, mais fidèle de ce qui s'eft
paffé; nous devons, puifque la pluralité des Diftricts a décidé pour
la diffolution de la Municipalité, déférer à leur vœu & nous retirer;
mais nous devons protefter contre les arrêtés de l'Affemblée provinciale des 14 de ce mois & jour d'hier, comme incompétemment
rendus; nous devons, en nous référant à ce que nous avons déjà
dit dans notre arrêté du 15 de ce mois, déclarer fes arrêtés contraires à la difpofition expreffe de l'article 5 du Décret de l'Affemblée nationale du 8 mars dernier; nous devons enfin déclarer à
nos Concitoyens, que c'eft uniquement pour déférer à leur vœu,
& pour fatisfaire à la décifion de la pluralité des Diftricts que nous
nous retirons, mais que nous rendons l'Affemblée provinciale du
Nord refponfable de tous les événements qui pourroient réfulter de
la ceffation de nos fonctions.

Sur ce, ouï le Procureur-Syndic de la commune, & après en
avoir délibéré, le Confeil municipal a unanimement arrêté, que perfiftant de plus fort dans les principes contenus dans fon arrêté, pris
dans fa féance extraordinaire du 16 de ce mois au matin, il protefte

contre l'arrêté de l'Affemblée provinciale, du jour d'hier, notifié ce jour, qui ordonne la diffolution de la Municipalité ; déclare que quoique l'Affemblée provinciale du Nord, qui s'eft déclarée purement adminiftrative, à compter du 25 mars dernier, fût incompétente pour apporter quelques changements & modifications dans le plan d'organifation de la Municipalité du Cap, & encore plus pour en provoquer la diffolution contre le vœu d'un Décret national fanctionné par le Roi, qui, comme une des bafes fondamentales de la nouvelle conftitution, ordonne l'établiffement des Municipalités dans tout l'Empire François ; néanmoins par amour pour la paix, & par déférence pour le vœu de la majorité des Diftricts, il ceffe dès ce jour fes fonctions ; remet à l'Affemblée provinciale du Nord la police & la furveillance dont il étoit chargé, & la rend refponfable envers la commune du Cap, & la partie du Nord entière de tous les événements que le défaut de police & de furveillance actives pourroit occafionner ; ordonne que par des Commiffaires nommés à cet effet, & affiftés d'un Greffier, il fera procédé, en préfence des Commiffaires de l'Affemblée provinciale, à l'inventaire de tous les regiftres, minutes & papiers de la Municipalité, pour iceux dûment paraphés, être laiffés à la garde du Greffier, qui en demeurera dépofitaire, pour les repréfenter toutefois & quantes il en fera requis ; & de fuite, MM. le Bugnet, Polony, Cormeaux de la Chapelle, Petit Defchampeaux, Leclerc, Loifeleur, Sarrazin & Daubagna, ont été nommés Commiffaires, & ont accepté leurs charges.

Ordonne en outre que le procès-verbal de la féance de ce jour fera imprimé & diftribué, que la minute en fera dépofée, foit au au Greffe de la Sénéchauffée de cette ville, foit chez un Notaire, & qu'expéditions en feront adreffées à l'Affemblée provinciale du Nord, à l'Affemblée générale, au Gouverneur-général, à l'Affemblée nationale, au Roi, & à la Municipalité de Paris.

Avant de fe retirer, les Membres de la Municipalité ont témoigné à M. le Maire, que fes vertus avoient appelé au pofte important qu'il occupoit, qu'un de leurs grands regrets en fe féparant, étoit de ne plus l'avoir pour chef, & de n'être plus à même de travailler avec lui au bien Public.

Fait, clos & arrêté en l'Hôtel-de-Ville, les jour, mois & an que deffus, à trois heures de relevée ; & ont les Membres préfents figné avec le Greffier-commis. Signé à la minute, Chevalier l'aîné,

Chaudruc, le Bugnet, Lafarge, Carrié, Boisson, Polony, Brocas, le chevalier Desroches, Petit Deschampeaux, Castillon, Domergue, Sarrazin, Tardieu, Lalanne, Leclerc, Ferrand, Louis Foucher, J. B. Fournier, Duny, Guerdin, Brouet, Jullian, Joyeux, Picard, M. L. David, Chinon, M. Rostan, Bonna, Cormeaux de la Chapelle, Charriere, Loiseleur, Bidetrenoulleau, Gaultier la Gaultrie, Leloup Desperelles, de Charrier, Rivery, Vannier, Daubagna, & Doizé aîné, greffier-commis.

Au Cap, de l'Imprimerie royale, 1790.